D1151643

Rideaux STORES

Texte, créations et dessins :
Charline SEGALA

Photos : S.A.E.P. / J.L. SYREN
Coordination : É. ZIPPER

ÉDITIONS S.A.E.P.
68040 INGERSHEIM - COLMAR

Un n projet de décoration intérieure intègre totalement la décoration des fenêtres.

À la fois fonctionnel et décoratif, un décor de fenêtre doit, le jour, vous garantir des regards extérieurs ou d'un vis-à-vis gênant sans diminuer la luminosité, et le soir, vous assurer obscurité et silence tout en vous protégeant du froid.

Le décor doit contribuer en même temps à créer l'ambiance et l'harmonie de votre intérieur, à en corriger les défauts et à en accentuer le style.

Avant de prendre la moindre décision, il est important d'étudier les caractéristiques de chaque pièce et de chaque fenêtre.

Style, lumière, couleur, chaleur, intimité sont autant d'éléments déterminants pour le choix d'un décor.

Attention, aujourd'hui on dispose d'une gamme importante de tissus et de multiples possibilités pour réaliser et accrocher les rideaux et les voilages.

On peut choisir à peu près n'importe quel style, du plus simple au plus perfectionné. Cependant, abordez toujours votre projet de façon rationnelle et voyez le côté pratique.

Quelques techniques de base, expliquées dans cet ouvrage, et un peu de temps vous permettront d'habiller toutes vos fenêtres et d'obtenir ainsi un résultat satisfaisant.

LE MATÉRIEL

Matériel nécessaire à la réalisation des ouvrages.

1. Niveau à bulle
2. Papier kraft
3. Équerre
4. Double mètre
5. Mètre ruban
6. Crayon craie
7. Scie à métaux
8. Scie à bois
9. Toile thermocollante
10. Kit pour pose d'œillets
11. Bobines de fil
12. Ruban thermocollant
13. Ciseaux cranteurs
14. Ciseaux de couturière
15. Découvit
16. Aiguilles
17. Épingles
18. Épingles de nourrice
19. Marteau
20. Ruban Velcro adhésif
21. Ruflette Toutplis
22. Ruban fronceur
23. Ruban automatique

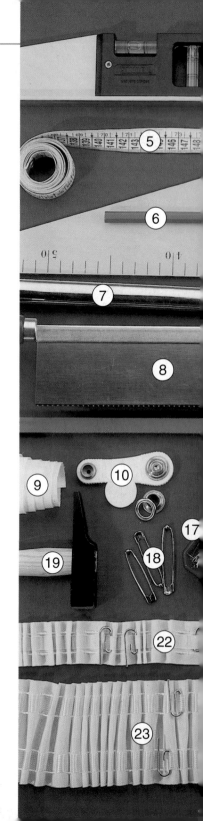

CHOISIR LE SYSTÈME DE FIXATION

Le choix et la pose des tringles sont les deux premières étapes de l'habillage des fenêtres. Choisissez un système pratique, fiable et en même temps esthétique.

LES BARRES

Si les rideaux doivent être ouverts et fermés souvent, la barre est idéale. Cette barre pourra porter des anneaux en bois, en laiton ou des clips. Les têtes à liens noués à pattes ou à glissières seront passées directement sur la barre.

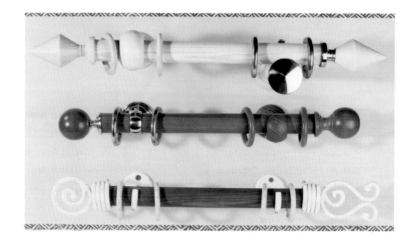

Fixation :

Il existe deux grands systèmes de pose pour les barres (tringles ou tringles rails) : au plafond ou de face.

Ces quelques mesures vous aideront à choisir à quelle hauteur fixer vos barres.

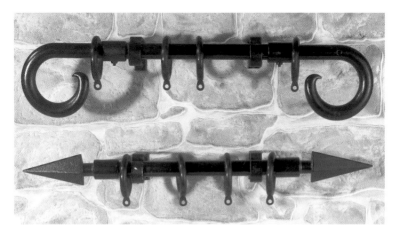

Si la distance du dessus de la fenêtre au plafond est comprise entre 30 et 50 cm, fixez la barre au milieu de cet espace. Si la distance est inférieure à 30 cm, placez la barre à 15 cm au dessus de la fenêtre ou au plafond. Si cette distance est supérieure à 50 cm, c'est à vous de décider de l'effet visuel.

Les barres dépassent en principe de 15 cm minimum de chaque côté de la fenêtre. Les supports de fixation se placent à 5 cm de l'extrémité de la barre. On laisse alors un ou deux anneaux à l'extérieur du support.

Les supports ne sont pas toujours assez longs pour dépasser de l'encadrement de la fenêtre (fenêtre en saillie, poignée…). Dans ce cas, fixez-les sur des tasseaux de bois vissés directement sur le mur.

Pour de grandes longueurs (tringle, tringle rail), il est nécessaire d'ajouter un troisième support central.

LES TRINGLES

Le choix d'une tringle devra s'adapter au poids des rideaux. Pour des rideaux légers non doublés ou pour des voilages, on choisira une tringle sans système spécial de tirage. Un cordon court, fixé au départ du rideau, permet la manœuvre sans le toucher. Cette tringle se pose facilement, en la vissant de chaque côté de la fenêtre, sur les supports prévus.

Les tringles avec cordon de tirage sont plutôt prévues pour des doubles rideaux.

La tringle appelée tringle chemin de fer fonctionne à l'aide de chariots intérieurs actionnés par des cordons de tirage. Ces cordons pendent en boucle sur un côté, que l'on peut accrocher à une poulie de rappel vissée près du sol, ce qui permet de garder les rideaux séparés. Cette tringle est équipée au centre de deux chariots avec patte de croisement qui assurent une fermeture parfaite.

Ces tringles s'adaptent facilement à l'aide de supports que l'on visse de chaque côté de l'encadrement de la fenêtre. Ces supports compteront dans le calcul de la largeur des rideaux : c'est ce que l'on appelle le retour.

À noter que pour les fenêtres à ras de plafond, des supports spéciaux existent, se fixant au plafond et destinés à recevoir ces tringles.

Il existe un autre système très simple et moins coûteux si l'on veut réaliser un ensemble voilage et doubles rideaux qui est la galerie de cantonnière.

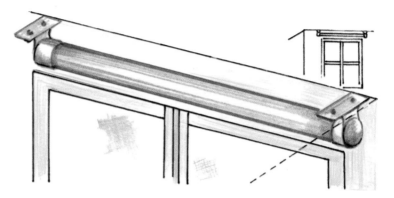

LA GALERIE DE CANTONNIÈRE

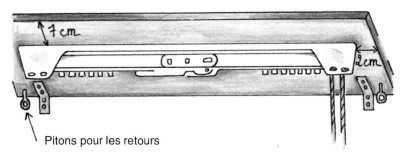

Pitons pour les retours

Une galerie de cantonnière est une planche fixée au-dessus de la fenêtre par deux équerres. Cette galerie est indispensable quand il y a plusieurs systèmes. Exemple : store bateau et cantonnière, doubles rideaux et voilages, doubles rideaux et lambrequins.

Elle pourra être peinte ou recouverte de tissu (p. 70).

Pour l'installation, on compte en général 12 cm de profondeur pour une galerie qui supporte une tringle simple et 18 cm pour une tringle double.

La galerie doit dépasser d'au moins 10 cm de chaque côté de la fenêtre. On fixe les équerres sur le mur à environ 10 cm au-dessus de l'encadrement de la fenêtre puis on visse la galerie sur les équerres.

Poser la tringle à environ 7 cm en arrière du bord de la galerie et laisser un espace de 2 cm entre l'extrémité de la tringle et le côté de la galerie. Visser la tringle en dessous de la galerie et poser deux pitons ronds à chaque angle arrière de la planche. Ils serviront à maintenir les retours. Lorsqu'il y a plusieurs tringles, la seconde doit se placer à environ 5 cm de la première et à 4 cm au moins du mur.

LES STORES

Le store est composé d'un seul panneau de tissu et se relève au moyen d'un mécanisme à ressort ou par des cordons. Il est indiqué lorsque l'espace est insuffisant autour de la fenêtre pour des rideaux.

Fixation :
Bien déterminer l'emplacement du store, au-dessus de la fenêtre, à l'intérieur de son renfoncement ou au plafond. En règle générale, un store est fixé sur un tasseau de bois ou éventuellement vendu avec un kit d'accrochage.

Le tasseau de bois se visse directement sur le mur par des équerres au-dessus de la fenêtre, en comptant assez de hauteur pour replier le store et ouvrir la fenêtre.

Pour sa longueur, compter un dépassement de 5 cm de chaque côté. La profondeur est à adapter à chaque cas (poignée de fenêtre ou saillie, rebord, profondeur de l'encadrement). Le store doit être le plus près possible de la fenêtre.

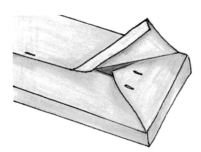

Couvrir le tasseau de tissu que l'on agrafe.

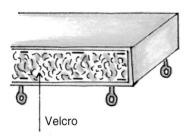

Velcro

Poser le tasseau parallèlement au store pour trouver l'alignement des pitons qui devront être dans l'alignement des anneaux sur l'envers du store. Les visser. Fixer un autre piton à l'extrémité du tasseau pour conduire et tirer le cordon. Agrafer du Velcro sur le chant avant du tasseau.

PRISE DES MESURES

MESURER UNE FENÊTRE

Notez toutes les mesures suivant les schémas ci-après. Utilisez un mètre-ruban métallique à enrouler, une règle en métal ou un mètre en bois.

Réalisez un croquis ou une photo de votre fenêtre pour vous aider. La prise des mesures est capitale.

1	Longueur de la fixation.
2	Retours.
3	Hauteur dessus de fenêtre plafond.
4	Hauteur de la fixation au haut de la fenêtre.
5	Hauteur de la fixation au sol.
6	Hauteur de la fixation au rebord de la fenêtre.
7	Dépassement.
8	Hauteur de cantonnière.

Mesures pour rideaux :

MESURER DES RIDEAUX

Hauteur :

La hauteur dépend du style de la tête du rideau ainsi que du choix entre une barre, une tringle ou un rail.

Dans tous les cas, il est recommandé de fixer la tringle ou le rail pour faciliter le calcul de la hauteur des rideaux.

Si vous voulez que vos rideaux s'arrêtent juste au-dessus du sol, ôtez 1 cm. Au contraire, si vous voulez qu'ils retombent sur le sol, ajoutez 5 à 10 cm. Cela leur donnera un aspect plus ample, dissimulera les inégalités du sol et vous évitera de devoir calculer au centimètre près.

Pour des rideaux accrochés sur tringle rail, mesurer la hauteur du dessus de la tringle jusqu'au sol et calculer en même temps la hauteur du crochet qui est variable suivant le style de tête choisi (p. 34).

Les rideaux courts à la hauteur d'appui de fenêtre, qui conviennent souvent à des fenêtres de cuisine ou de salle-de-bain, devront si possible descendre en dessous de cet appui.

Toujours prévoir un ourlet assez important pour le bas (10 à 20 cm) que l'on pourra lester pour un meilleur tombé du rideau. Cet ourlet généreux permettra aussi de prévoir un éventuel rétrécissement au lavage.

On ajoutera l'ourlet nécessaire à la réalisation de la tête de rideau.

Pour des rideaux sur barres, la prise des mesures se fait comme sur le schéma ci-dessous, jusqu'au sol.

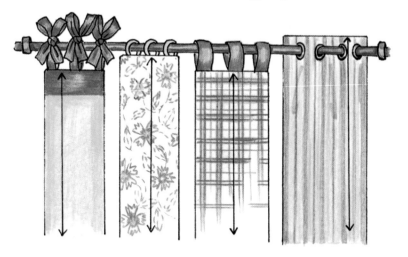

Largeur :

Le rideau doit être au moins aussi large que la longueur de la tringle. Ainsi, le rideau fermé couvrira entièrement la fenêtre.

Deux panneaux de tissu sont en général suffisants : un à gauche et un à droite de la fenêtre. Ajoutez la moitié d'un panneau ou un panneau entier si le résultat ne vous semble pas satisfaisant.

On assemble ces panneaux de tissu par une couture ouverte (p. 22) en faisant très attention aux raccords des motifs pour les tissus imprimés. Par contre, si la tête de vos rideaux est froncée ou plissée, vous aurez besoin de plus de tissu.

Si vous utilisez un rail, mesurez sa longueur totale et ajoutez-y 5 cm pour les retours. Les retours permettent de cacher les fixations et amènent le rideau contre le mur, empêchant la lumière de s'infiltrer entre le rideau et le côté de la fenêtre.

Pour une paire de rideaux, ajoutez encore 7 cm pour le croisement central.

Ne pas oublier d'intégrer la valeur des ourlets des côtés dans le calcul.

MESURES POUR CANTONNIÈRES ET LAMBREQUINS

La hauteur de la cantonnière doit correspondre à 20 - 25 % de celle du rideau, mais un lambrequin peut avoir une forme arrondie et descendre plus bas de chaque côté. La longueur de la cantonnière sera en rapport avec la longueur de la tringle ou de la galerie pour les retours.

MESURER DES STORES

Pour un store bateau, on ajoute aux mesures prises suivant le schéma (p. 17) 10 cm pour rabattre le haut et ourler le bas et 5 cm pour les ourlets latéraux.

Dans le cas d'un store à enrouleur, ajouter un minimum de 30 cm à la hauteur pour le tourillon en bas du store et pour l'attache du rouleau en haut, et à peu près 2 cm à la largeur pour les ourlets latéraux.

Il est conseillé de laisser 25 cm de tissu qui restera roulé quand le store sera descendu.

Attention : pour un store bateau et sa doublure, ne pas oublier de compter le tissu qu'il faut pour réaliser les coulisses nécessaires aux tourillons.

A	Intérieur du renfoncement (stores à enrouleur), largeur.
B	Hauteur.
C	Extérieur du renfoncement, largeur.
D	Hauteur.
E	Longueur du tasseau.
F	Hauteur du haut du tasseau à l'appui de la fenêtre (stores bateau).

Mesures des stores :

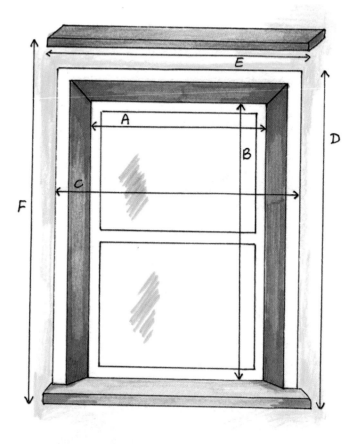

TECHNIQUES DE COUTURE

Pour réussir des rideaux ou des stores, il faut bien connaître les techniques de couture et les points appropriés. C'est une étape tout aussi importante que celles que nous venons de voir précédemment (choix du matériel, prise des mesures).

LA COUPE DU TISSU

C'est une étape importante. La coupe du tissu demande une certaine attention. La plupart des tissus doivent être coupés sur le droit-fil. On trouve ce droit-fil en tirant sur un fil horizontalement. Entailler la lisière et, à l'aide d'une épingle, tirer un fil de trame. Couper sur la marque laissée par le fil tiré.

Pour couper un panneau dans la hauteur, s'assurer que la ligne de coupe est toujours parallèle à la lisière du tissu (du haut jusqu'au bas du panneau).

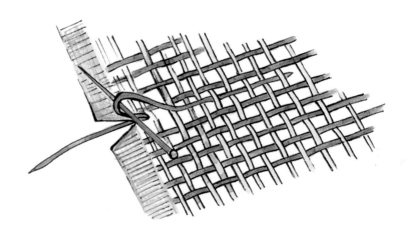

Attention : les tissus à motifs ne sont pas toujours imprimés sur le droit-fil. En cas de raccord de panneaux, suivre plutôt le motif, un petit écart de 5 cm du droit-fil ne pose pas de problème.

Essayez de couper le tissu sur une grande table et utilisez des poids (ou des objets lourds) pour empêcher les tissus lourds ou glissants de tomber de la table au moment de la coupe. Si vous n'avez pas de table assez grande, installez-vous sur le sol.

LES POINTS

Un bon nombre de coutures « cachées » peuvent être faites à la machine, mais, à certaines étapes de la réalisation, la couture à la main reste nécessaire (bâti, ourlet). Souvent, la seule façon d'obtenir une belle finition est de coudre à la main.

Les points suivants sont les plus courants et vous seront utiles pour réaliser un ouvrage de qualité.

Point devant :

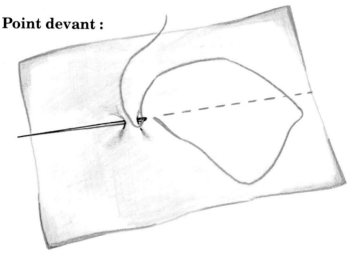

C'est un point d'assemblage des tissus de droite à gauche. Il est composé d'une suite régulière de petits points, d'égale longueur, sur l'endroit et l'envers de l'ouvrage. En agrandissant le point d'1 à 2 cm, vous obtiendrez le point de bâti qui servira, soit à une couture provisoire avant de piquer à la machine, soit à froncer votre ouvrage.

Point arrière :

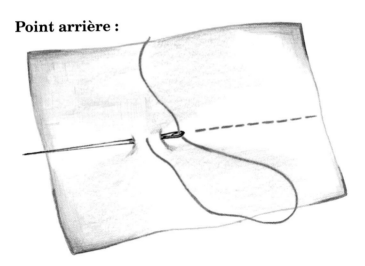

Le point arrière est court et solide. On peut l'utiliser pour remplacer la couture machine. Il est régulier, s'exécute de droite à gauche. Piquer l'aiguille en arrière de l'endroit d'où sort le fil et la faire ressortir en avant. Revenir en arrière puis en avant.

Point de surjet :

Cette forme de bâti est utile pour faire coïncider les motifs avec précision avant de faire une couture ouverte. Il se travaille sur l'endroit. Épingler perpendiculairement à la couture. Insérer l'aiguille à l'intérieur du rabat du tissu supérieur et faire un petit point à travers le tissu qui se trouve en dessous.

Point coulé :

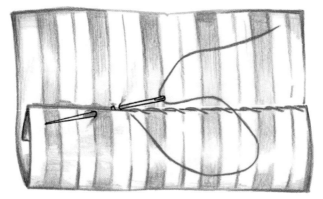

Ce point s'utilise pour les ourlets de tissus légers et pour coudre les rentrés. Il se travaille sur l'envers et de droite à gauche. Commencer par deux points superposés sur le tissu principal puis passer sous le rentré en traversant les deux couches de tissu. Ne pas trop tendre le fil. Travailler avec une longue aiguille fine.

Point de chausson :

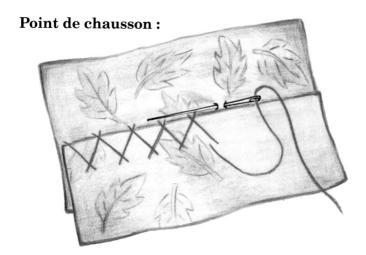

Ce point est souvent utilisé sur un bord non fini en remplacement du point coulé. Il est utile sur les rideaux lourds et sert à assembler des lés de molleton ou de ouatine. Il se travaille de gauche à droite.

LA COUTURE

Couture plate :

C'est la couture de base pour assembler deux morceaux de tissu endroit contre endroit.

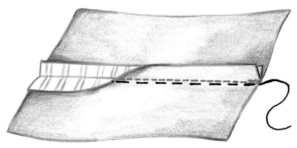

Bâtir les deux tissus sous la ligne de piqûre. Piquer à 1,5 cm des bords, le long du bâti (pas dessus, le fil de bâti serait difficile à enlever). Arrêter la couture à chaque extrémité à l'aide de quelques points vers l'arrière. Enlever le bâti. On ouvre la couture au fer pour obtenir une couture plate.

Si la lisière ou les bords ont tendance à onduler, inciser à intervalles de 10 cm environ. Repasser.

Si un bord non fini risque de s'effilocher, le surfiler, soit avec un point zigzag à la machine, à 6 mm du bord, soit dans le cas de tissus légers, à l'aide d'un point roulé réalisé avec un rabat étroit.

Couture rabattue :

Cette couture est parfaite pour cacher un tissu qui a tendance à s'effilocher. Elle est aussi très solide.

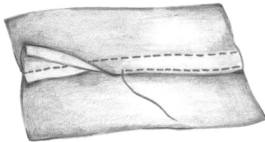

Faire une couture plate, l'ouvrir au fer. Couper de moitié le bord inférieur. Plier le bord supérieur sur 0,5 cm et le rabattre sur le bord inférieur. Épingler et piquer à ras du pli ou ourler à la main.

Couture anglaise :

Elle est utile pour assembler des voilages ou des tissus très légers quand la couture n'est pas cachée par une doublure.

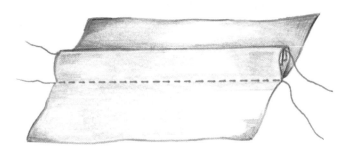

Envers contre envers, les bords alignés, faire une couture à 0,75 cm des bords. Couper les bords de moitié pour enlever de l'épaisseur. Retourner le tissu endroit contre endroit et piquer à environ 1,25 cm de la première couture. Repasser et retourner.

Finition :

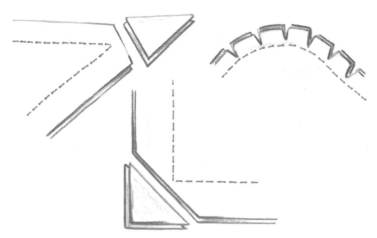

Pour une belle finition et pour éviter les épaisseurs, couper les coins en diagonale près de la ligne de piqûre dans le cas d'angle droit ou d'angle aigu. Si cela est nécessaire, renforcer la couture par une seconde piqûre.

Couper aussi le rentré de couture en diagonale en le réduisant pour éviter les épaisseurs.

Dans le cas d'une couture en courbe ou pour des coins arrondis, cranter à intervalles réguliers le long du bord pour mettre la couture à plat.

COINS EN ONGLET

Le coin en onglet fait un angle net et réduit les épaisseurs.

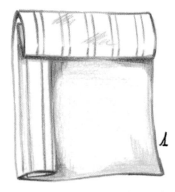

Relier l'ourlet en double sur les deux côtés.

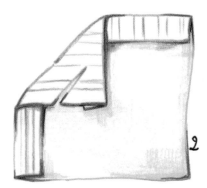

Repasser et déplier le second rabat. Plier l'angle en diagonale sur la profondeur de l'ourlet. Couper la pointe.

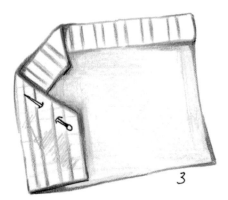

Replier l'ourlet d'un côté puis de l'autre, formant ainsi l'onglet.

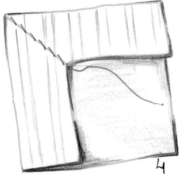

Coudre à point coulé.

POSE D'UNE BORDURE

On utilisera cette technique si l'on veut poser une bande de tissu contrastant.

 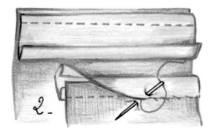

Pour border un tissu, poser le biais plié à cheval sur le bord non fini du tissu. Coudre en place à la main ou à la machine à ras du bord plié.

Vous pouvez aussi déplier un des rentrés du biais et le poser contre le bord du tissu, endroit contre endroit et bords alignés. Piquer à la machine à 1,5 cm du bord. Replier le biais et le passer par-dessus l'envers du tissu en enfermant le bord de coupe. Piquer à point coulé en suivant la première ligne de couture.

TISSU AVEC RACCORD

En général, la valeur de l'espace entre les dessins est signalée sur l'étiquette ou la lisière du tissu.

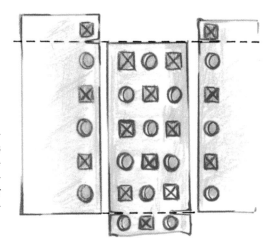

Lorsque vous assemblez deux largeurs, les motifs devront se correspondre. Pour y parvenir, divisez la hauteur du rideau par le nombre de motifs répétés.

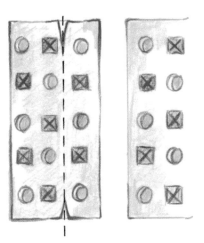

Pour éviter d'avoir à retirer un motif entier à chaque fois, il est possible de couper une bande de motif sur le côté du tissu. Vous n'aurez pas besoin, ainsi, de descendre ou de monter le tissu. Attention dans ce cas à la perte de largeur que cela entraîne.

Pour faire correspondre les motifs, il est conseillé de les assembler au point de surjet (p. 20). Les motifs imprimés ne sont pas toujours imprimés dans le droit-fil. Suivre le motif.

PRÉPARATION ET COUTURE D'UN RIDEAU

Assembler les largeurs de tissu si nécessaire avec des coutures anglaises ou plates en raccordant les motifs.

L'ourlet du bas sera replié de deux fois 10 cm sur l'envers. Le piquer à point coulé ou à la machine.

On peut lester les rideaux avec des poids. Il existe aussi un ruban plombé qui convient pour des rideaux légers ou des voilages et qui sera glissé dans le pli de l'ourlet. Il donne un beau tombé tout en restant invisible.

Pour des tissus plus lourds, on place les poids à l'intérieur de l'ourlet de côté à 7,5 cm du bas du rideau.

La hauteur de l'ourlet de tête et ses finitions dépendent de la tête de rideau choisie et du mode de fixation.

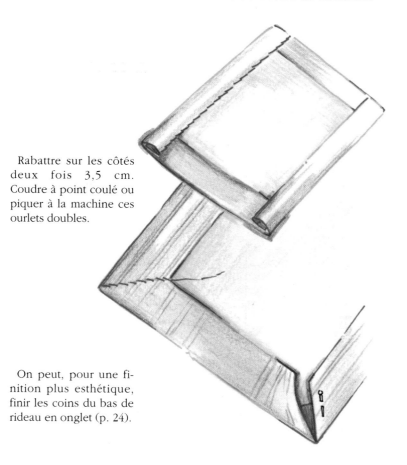

Rabattre sur les côtés deux fois 3,5 cm. Coudre à point coulé ou piquer à la machine ces ourlets doubles.

On peut, pour une finition plus esthétique, finir les coins du bas de rideau en onglet (p. 24).

DOUBLER UN RIDEAU

On améliore tous les rideaux avec une doublure cousue ou séparée. Seuls les voilages ne sont pas doublés.

La doublure protège le tissu du soleil, de la décoloration, de la condensation et de la poussière.

Le satin de coton est le tissu le plus couramment utilisé. On en trouve de différentes largeurs et couleurs. On trouve aussi des doublures isolantes et des doublures dites occultantes.

Si vous voulez une doublure détachable, il vous faut un ruban plisseur double spécial. La doublure pourra se retirer pour être lavée séparément.

La doublure est de même largeur que celle du rideau, elle sera cependant moins haute.

Après avoir réalisé l'ourlet sur le bas du rideau, on réalise l'ourlet de la doublure en rentrant deux fois 5 cm sur l'envers. On pose ensuite la doublure envers contre envers sur le rideau. Le bord de la doublure se place à 2,5 cm du bord du rideau. On enlève dans le haut de la doublure la valeur de la tête de rideau. Le bord de la doublure doit être au niveau du haut de la tête une fois repliée. Rabattre le haut de la tête sur la doublure et coudre à point coulé. Rabattre deux fois 3,5 cm sur les côtés en pliant la doublure et le rideau comme un seul tissu. Fermer les ourlets à point coulé.

Si vous faites la tête à la main, vous poserez l'entoilage avant de fixer la doublure. Si vous utilisez un ruban fronceur, vous le piquerez à la machine une fois le rideau doublé.

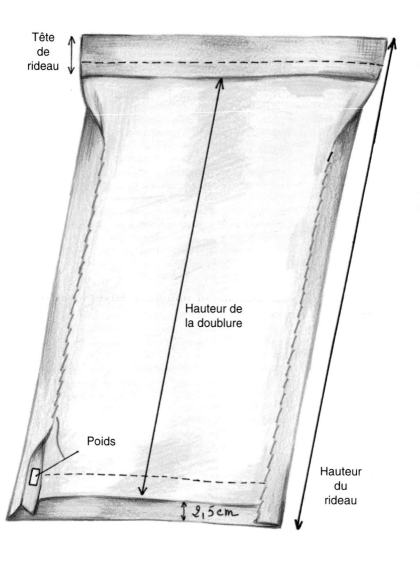

Tête de rideau

Hauteur de la doublure

Poids

2,5 cm

Hauteur du rideau

À PROPOS DE TISSUS

ENTRETIEN

Tous les tissus à utiliser pour réaliser les rideaux doivent être grand teint et traités contre le rétrécissement. Certains tissus sont aussi prétraités contre les taches. Ces informations se trouvent parfois imprimées sur la lisière du tissu.

Vérifiez aussi les conseils de nettoyage et la notice d'entretien. Demandez conseil au vendeur.

Le lavage :

Si le tissu n'est pas traité contre le rétrécissement, laver le tissu avant de commencer. Le repasser encore humide. Sinon, prévoir un grand ourlet pour pouvoir rallonger le rideau.

Le lavage risque de faire perdre de la tenue au tissu et de lui retirer sa finition et son brillant (chintz glacé ou moire par exemple).

Les entoilages thermocollants ne peuvent être lavés, le nettoyage à sec est préférable. Le nettoyage peut enlever la colle à tissu ; on peut en remettre après.

Les doublures, rubans fronceurs, ganses et autre passementerie supportent parfois mal le lavage. Se renseigner au moment de l'achat.

Important : attention aux éclaboussures d'eau d'un fer à repasser. Le résultat peut être désastreux.

Les taches :

Il est important d'utiliser le solvant approprié. Avant d'appliquer un détachant, faire un essai sur un endroit peu visible. Utiliser de l'eau tiède, l'eau chaude risquant de fixer une tache.

Ne pas frotter, mais tamponner les taches humides et brosser les taches sèches.

Il existe, pour éviter ces taches, des traitements (en bombe) à appliquer en vaporisant avant ou après la confection.

SYMBOLES

 Lavage machine.

 Nettoyage à sec tous solvants.

 Lavage à la main.

 Nettoyage au perchloréthylène

 Lavage interdit.

 Nettoyage à sec interdit.

 Repassage interdit.

 Détachage à l'essence minérale

CONSEILS

Avant de vous lancer dans l'achat et dans la réalisation de vos rideaux, retenez ces conseils :

– Achetez la totalité de votre tissu en une seule fois. Si vous l'achetez en plusieurs fois, notez ce que l'on appelle le numéro de bain pour que tous vos métrages soient exactement de la même couleur.

– À l'achat, vérifiez que votre tissu n'ait pas de défaut ou de pli (il sera très difficile à enlever).

– Accordez-vous de la place pour la coupe du tissu. Pour empêcher le tissu de glisser, utilisez des poids ou des objets lourds.

– Pour marquer le tissu, une craie de tailleur est idéale.

– En travaillant, repassez après chaque étape. C'est important avec les coutures et les ourlets.

TÊTES
DE
RIDEAUX

TÊTES DE RIDEAUX PLISSÉES
(Plissé fait main - triples plis)

Les triples plis sont les plus courants, ils donnent de l'ampleur aux tentures avec régularité.

La base d'une tête faite main est réalisée avec une toile raide que l'on appelle entoilage. On peut aussi utiliser un entoilage thermocollant qui se fixe au fer chaud.

MESURES :

Largeur : la largeur à plat non plissé doit être de deux fois et demie la largeur finie. En cas de voilages, on peut aller jusqu'à trois fois.

Tête : ajouter 25 cm pour une tête de 12,5 cm, 15 cm pour une tête de 7,5 cm.

CONFECTION :

Couper l'entoilage à la largeur du rideau et à la hauteur voulue de la tête. Placer la bande d'entoilage sur l'envers à ras du haut. Bâtissez (A).

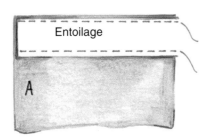

Replier deux fois l'entoilage pour qu'il soit enfermé dans le tissu.

Faire à la main à point coulé l'ourlet de la tête (B). Rabattre deux fois 3,5 cm sur les côtés (C). Épingler et coudre à point coulé l'ourlet du côté.

Si vous utilisez de la toile thermocollante, la placer à plat sur l'envers du bord supérieur du panneau. Plier la tête et la toile sur l'envers. Repasser. Plier de nouveau.

Même finition que pour la toile non thermocollante (B et C) p. 34.

- **Les plis**

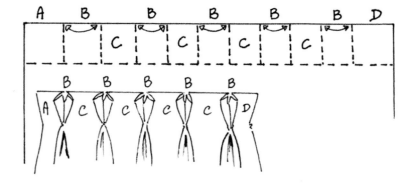

Choisir la largeur du retour A, en général de 5 cm, et du croisement des rideaux D, généralement de 7 cm.

La quantité de tissu pour les plis B est de 9 à 12 cm et l'espace entre deux plis C varie de 8 cm à 10 cm.

Après avoir calculé le nombre de plis suivant la largeur du rideau, indiquer à la craie les points de repère (1). Former chaque pli en réunissant les lignes de plis de B à B. Épingler et piquer les plis à la machine du haut de la tête au bas de l'entoilage. Faire une double surpiqûre sur le travail.

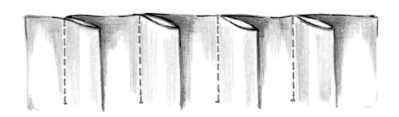

Diviser chaque pli cousu en trois petits plis égaux. Piquer la base des plis soit à la machine, soit à la main. Introduire ensuite les agrafes, une agrafe par pli et une agrafe à chaque extrémité du rideau.

Positionnement des agrafes suivant la fixation :

Le haut de l'agrafe est à 1 cm du haut.

Rail décoratif, le haut de l'agrafe est à 2,5 cm du bord.

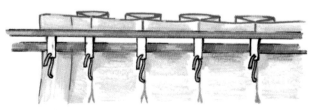

Sur un rail traditionnel, placer les agrafes à 7 cm du haut de la tête de rideau.

VARIATIONS DE RIDEAUX PLISSÉS

LES PLIS OUVERTS

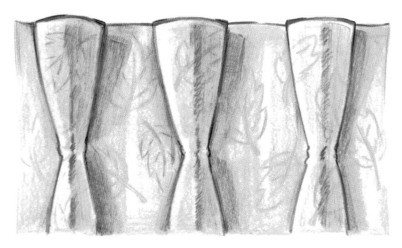

Les plis ouverts sont traditionnels. Vous aurez un aspect plus souple pour vos rideaux.

Ces plis se réalisent comme les doubles plis ou les godets, suivant la même technique que les triples plis. C'est au final que le pliage du pli change.

Pour le pli ouvert, aplatir le pli pour qu'il soit centré sur la couture. Replier les côtés du pli afin que les bords rejoignent la couture centrale. Assembler les plis soit par une piqûre machine, soit à la main.

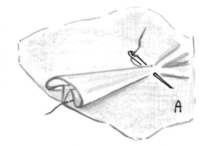

LES DOUBLES PLIS

Aplatir le pli pour qu'il soit centré sur la couture. Ramener les plis vers le haut. Maintenir et assembler les plis comme précédemment.

TÊTE À GODETS

Mêmes étapes que pour les triples plis.

Une fois terminé, on ouvre les plis et l'on forme ainsi le haut comme un tuyau.

Pour que le godet garde la forme, on le bourre avec des mouchoirs en papier ou de la doublure.

Comme la tête à triples plis, cette tête peut être agrémentée de nœuds, de boucles, de pompons. Un bouton recouvert cousu à la base de chaque pli donne une jolie finition.

TÊTES DE RIDEAUX PLISSÉES
AVEC RUBAN FRONCEUR

Les rubans fronceurs se cousent facilement à la machine en posant le ruban (ruflette) à plat sur l'envers du rideau. Une fois le rideau terminé, on tire les cordons parallèles qui passent dans le ruban pour créer la tête et on accroche les agrafes dans les trous prévus à cet effet dans le ruban.

Les rubans fronceurs existent dans différents styles et en différentes largeurs.

En fait, il existe deux sortes de ruban : le ruban fronceur et le ruban plisseur automatique. Le ruban fronceur vous permet d'obtenir des fronces ou une répartition régulière de plis. Le ruban plisseur est étudié pour former automatiquement des plis ou des groupes de plis. On peut obtenir, avec le ruban appelé « Touplis », des groupes de 2 ou 3 plis à l'aide de poches où se glissent des agrafes. Il n'y a pas de système de cordons.

Les rubans fronceurs sont très utilisés pour les voilages.

MESURES :

Largeur : la largeur à plat non plissée doit être de deux fois et demie la largeur finie. En cas de voilages, on peut aller jusqu'à trois fois. Compter les ourlets de côtés, les retours et, pour des doubles rideaux, le croisement.

Tête : il faut que le repli de l'ourlet de tête ait au moins 1 cm de moins que la hauteur du ruban.

CONFECTION :

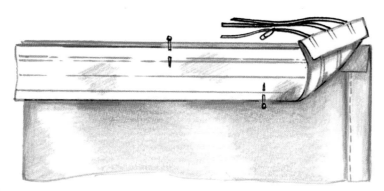

Après avoir réalisé l'ourlet du bas en rabattant deux fois 10 cm et les ourlets latéraux de deux fois 3,5 cm, rabattre 2 cm sur le bord supérieur du panneau.

Couper le galon fronceur à la largeur du panneau plus 5 cm. Le placer sur l'envers du rideau et un peu en dessous du bord plié du panneau, à environ 6 mm. Replier 2,5 cm de chaque côté du ruban. Sortir les cordons à l'aide d'une épingle sur le côté retour (côté mur).

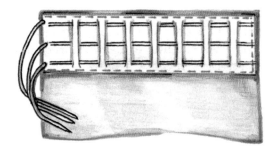

Piquer le haut et le bas du rideau près des cordons et le côté (milieu du rideau).

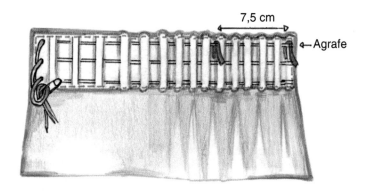

Tirer les cordons de façon égale pour bouillonner le tissu en réglant la largeur de la tête à la largeur voulue. Nouer les cordons au bord du rideau, les cacher derrière le panneau en les retenant éventuellement avec une épingle à nourrice. Si l'on ne coupe pas les cordons, on pourra remettre à plat le rideau pour le nettoyer.

Introduire les agrafes à chaque extrémité et tous les 7,5 cm. Ou, si le ruban est prévu à cet effet, introduire les agrafes dans les trous.

Les rubans :

Un étroit ruban de 3 cm donne une tête froncée qui convient pour des rideaux et des lambrequins légers ou pour des voilages.

Si la tête est apparente et forme un volant, le ruban est descendu au moins à 5 cm. Sinon, on le place à ras du haut.

Il existe un ruban en tissu ajouré et moins opaque pour les voilages, tulle et dentelle.

Un ruban de 5 cm ou de 7,5 cm convient pour les fronces ou les plis faisceaux classiques. On l'utilisera aussi pour des lambrequins ou des rideaux doublés.

Un ruban de 7,5 cm ou de 9 cm plissera la tête en groupes de 2, 3 plis. Il convient pour les doubles rideaux.

Les agrafes :

Les agrafes en plastique sont utilisées pour les rideaux légers et le tulle, celles en laiton sont adaptées pour les rideaux plus lourds ou doublés.

Les rubans de 3 cm n'ont qu'une poche à agrafe, les rubans plus larges en comportent plusieurs. Ainsi, on peut varier la hauteur du rideau par rapport au support.

Les rubans Touplis de 9 cm ont un système de poches où se glissent des agrafes à 2 ou 4 branches suivant le nombre de plis désirés. Ces agrafes existent en deux hauteurs.

Les rideaux réalisés avec ces rubans peuvent être installés sur des tringles, tringles rail décoratives ou sur des barres avec des anneaux.

TÊTES DE RIDEAUX À ANNEAUX

Lorsque le rideau est suspendu à une barre et à des anneaux décoratifs et que la tête est apparente, le choix de la tête plate est le plus intéressant.

Cette dernière donnera de la souplesse et de la simplicité à vos rideaux.

Ce style de tête s'accorde parfaitement avec des liens noués aux anneaux.

MESURES :

Largeur : la largeur de ce rideau est une fois et demie celle de la fenêtre.

Hauteur : elle sera prise du bas des anneaux au sol.

CONFECTION :

Après avoir calculé la hauteur, ajouter 10 cm pour l'ourlet du bas de rideau et 1,5 cm pour le haut.

La doublure sera coupée aux mêmes dimensions. Surfiler chaque panneau.

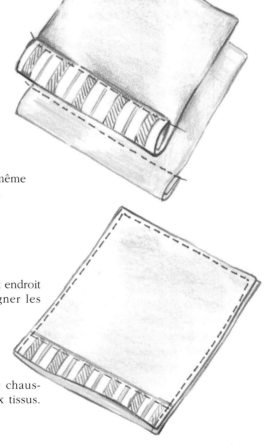

Poser le panneau imprimé sur l'endroit et rabattre dans le bas deux fois 5 cm sur l'envers. Épingler. Ourler à point glissé ou piquer à la machine à ras du pli. Repasser.

Répéter exactement la même opération avec le tissu uni.

Poser les deux panneaux endroit contre endroit. Bien aligner les quatre côtés. Épingler. Piquer les deux côtés et le haut du rideau à 1,5 cm. Laisser libre le bas du rideau.

Retourner (comme une chaussette) à l'endroit les deux tissus. Repasser.

C'est une technique très simple pour obtenir un rideau doublé. Cette méthode convient pour des tissus légers.

Les rubans :

Couper le nombre de liens nécessaires en sachant qu'il faut placer deux liens à chaque extrémité du panneau puis espacer régulièrement les autres liens d'environ 10 cm.

Les bandes de tissu imprimé à couper doivent mesurer 82 cm de long et 8 cm de large.

Plier les liens en deux, endroit contre endroit. Les piquer à 0,5 cm du bord sur toute leur longueur et sur un côté. Retourner.

Fermer l'extrémité ouverte en rentrant les bords de 0,5 cm. Coudre à point coulé. Repasser pour bien aplatir les liens.

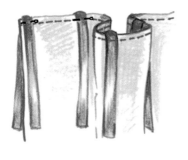

Poser les liens à cheval par le milieu sur le bord supérieur du rideau, un à chaque extrémité, puis les autres régulièrement espacés sur la largeur.

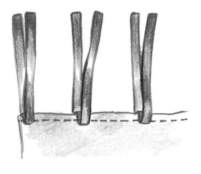

Les rubans doivent retomber de la même longueur de chaque côté du rideau. Piquer à 2,5 cm du bord supérieur pour fixer les liens. Relever les rubans.

Ci-dessous, pour remplacer une embrasse et pour permettre de voir le tissu imprimé, on a incorporé un lien au tiers de la hauteur du rideau dans la couture de côté (milieu fenêtre).

Couper un lien de 1 m sur 9 cm. Il se réalise comme les autres liens. Le plier en deux sur toute sa longueur. Le placer entre les deux panneaux au moment de l'assemblage du rideau.

Lorsque l'on retourne les deux panneaux sur l'endroit, le lien apparaît. Nouer le côté à un support décoratif d'embrasse.

VARIANTES

On peut atténuer le côté classique d'une tête plissée avec un ruban en l'associant à une barre et des anneaux (voilages, tissus légers).

Les liens seront réalisés comme nous venons de le voir précédemment, ou simplement coupés dans des rubans à la longueur désirée. Pliés en deux, ils sont placés entre le tissu et le ruban fronceur au moment de l'assemblage de la tête (p. 42). Les rubans seront noués en boucle sur les anneaux.

Rideau à rabat festonné :

Le rideau est réalisé comme précédemment en rabattant également deux fois 3,5 cm sur le haut du panneau. Poser un biais de couleur sur les deux côtés des panneaux (p. 25) sur toute la hauteur. La hauteur du rabat ne doit pas dépasser le cinquième de la hauteur totale du rideau.

La largeur du rabat est égale à la largeur du rideau. Diviser cette largeur au nombre de festons que vous voulez obtenir. Aidez-vous d'un gabarit en papier que vous poserez ensuite sur le rabat en tissu pour le couper en laissant 1 cm pour les ourlets.

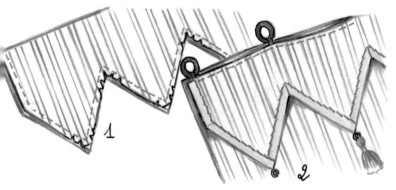

Couper le tissu en double. Poser les deux rabats endroit contre endroit et piquer à 1 cm du bord. Cranter. Retourner sur l'endroit. Repasser.

Poser le biais à cheval sur tout le tour du rabat. Le coudre délicatement à point coulé. Fermer le haut par une piqûre machine à ras du bord en rentrant 1 cm. Attacher un anneau à chaque pointe pour placer un pompon. Fixer le rabat, le rideau et l'anneau par un point solide.

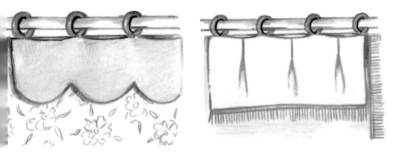

On pourra envisager plusieurs formes de rabat. Dans le cas d'un rabat à bord droit, on peut remplacer le biais par des franges.

TÊTES AVEC PATTES EN TISSU

Les pattes en tissu sont une des solutions les plus simples pour suspendre un rideau à une barre. Les rideaux à passants tombent bien, sont vraiment faciles à coudre et offrent un choix varié de réalisations.

Les pattes doivent avoir une longueur suffisante pour glisser facilement sur la barre.

MESURES :

Largeur : la largeur des passants et l'intervalle qui les sépare dépendent du résultat que vous voulez obtenir et aussi du choix du tissu.

Des pattes larges (6 cm) et rapprochées réduiront l'ampleur du rideau et maintiendront bien la tête. Pour un résultat plus souple, réduire la taille des pattes et agrandir l'intervalle entre chacune.

Longueur : pour calculer cette longueur, placer le passant sur la barre. Repérer la bonne hauteur avec une épingle et ajouter 1 cm d'ourlet à chaque extrémité du passant.

CONFECTION

Après avoir calculé le nombre de passants nécessaires, leur longueur + 2 cm d'ourlet, on coupe une longue bande (ceci évite de réaliser passant par passant) correspondant au résultat de ce calcul. La longueur, pour des passants moyens de 4 cm de large, est de 18 cm.

Plier en deux cette bande dans sa longueur, endroit contre endroit et piquer à 0,5 cm des bords. Retourner toute la bande sur l'endroit. Repasser en plaçant la couture au milieu de l'envers.

Couper ensuite les pattes à la bonne longueur en n'oubliant pas les 2 cm pour les ourlets.

Plier les passants en deux (envers contre envers).

Finir le rideau de façon habituelle (côté et bas).

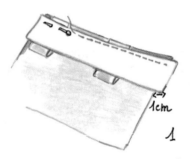

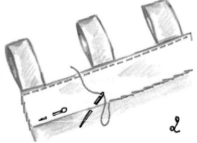

Couper une bande de tissu de 6 cm de hauteur et de la longueur du rideau fini plus 2 cm pour les rentrés de côté. Placer les pattes, bords non finis, sur le haut du rideau en les espaçant de 10 cm. Placer la bande sur le long du bord supérieur du rideau et sur les pattes. Piquer à 1 cm du bord.

Retourner la bande sur l'envers du rideau et ourler à point coulé en rentrant vers l'intérieur de la bande de 1 cm (côté et longueur). Repasser.

On peut réaliser des pattes de formes très variées et aussi les agrémenter de boutons, de galons, de pompons, de coquillages...

Pattes de couleur et cœurs :

Agrandir ce motif à 200 % pour obtenir la dimension réelle. Découper les cœurs dans plusieurs couleurs de tissu uni ou imprimé. Les placer en quinconce tous les 40 cm dans la hauteur et tous les 20 cm dans la largeur, sur le rideau non ourlé. Les bâtir à l'endroit où ils seront appliqués et piquer au point zigzag serré sur le tour.

Vous pouvez utiliser un voile thermocollant qui se fixe à l'aide d'un fer à repasser et qui colle ainsi le motif sur le tissu. Tracer sur ce papier le motif avant de le découper et de le fixer. Cette technique évite le bâti et empêche le motif de bouger au moment de piquer à la machine.

Une fois l'application des motifs terminée, ourler le bas du rideau et de la doublure en rabattant deux fois 5 cm sur l'envers. Couper les pattes dans plusieurs couleurs de tissu, à la bonne hauteur. Pour leur réalisation, suivre les indications de la page 50.

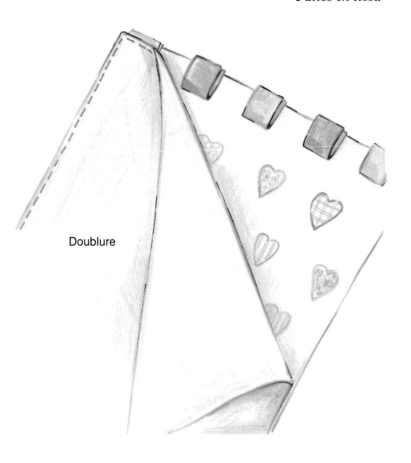

Doublure

Plier les passants et les placer en haut sur l'endroit du rideau, un à chaque extrémité, les autres à intervalles réguliers.

Poser la doublure sur le rideau endroit contre endroit. Piquer le côté et le haut des panneaux à 1,5 cm des bords.

Retourner sur l'endroit. Repasser. Vous pouvez appliquer d'autres formes simples (ronds, losanges…) ou des formes de feuilles, d'animaux… Vous pouvez extraire de tissus imprimés des motifs et les appliquer en frise, en rayure ou en motif placé.

Les rubans :

Utiliser des rubans de plusieurs couleurs et de plusieurs largeurs.

Le bandeau se réalise dans du tissu vichy. Il mesure 5 cm de haut sur la largeur du rideau et se coupe deux fois.

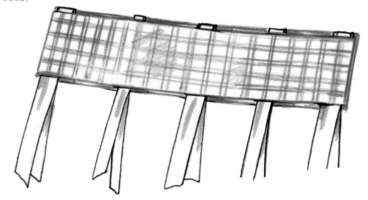

Placer les liens par leur milieu entre les deux bandes de vichy posées endroit contre endroit.

Piquer à 1 cm du bord les côtés et la longueur du bandeau. Retourner et fermer, en rentrant 1 cm, le bas à point coulé. Repasser.

Réaliser, pour le panneau de tissu uni, les ourlets de côté en rentrant deux fois 1,5 cm et dans le haut et le bas deux fois 3 cm. Piquer au ras des rentrés. Repasser.

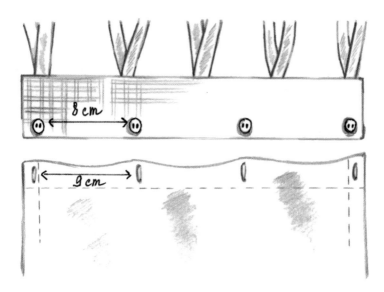

Coudre des boutons sur le bas du bandeau, à 0,5 cm du bord. Les espacer d'environ 8 cm.

Réaliser des boutonnières sur le haut du rideau uni tous les 9 cm pour donner du mouvement et de la souplesse au panneau. Si vous ne voulez pas réaliser de boutonnières, vous pouvez coudre les boutons en même temps que le bandeau sur le tissu uni.

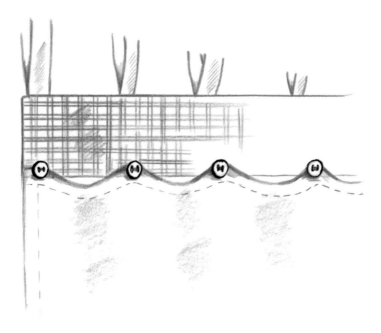

TÊTE FRONCÉE

Une tête froncée est particulièrement adaptée à des petits rideaux ou à des rideaux légers.

MESURES :

Largeur : la largeur à plat non plissé doit être de deux fois et demie la largeur finie. Pour des voilages, on peut aller jusqu'à trois fois.

Tête : ajouter 10 cm pour une tête de 5 cm réalisée avec un ruban fronceur et 12 cm pour une tête faite main.

CONFECTION :

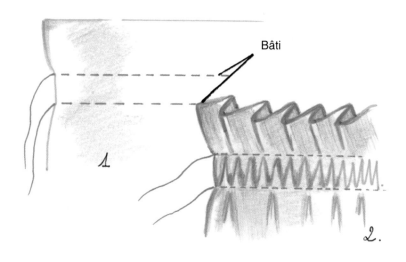

Bâti

1

2.

Faire un repli sur l'envers de 7 cm dans le haut (tête faite main) et de 5 cm (ruban).

Réaliser deux lignes de fronces : une à 5 cm du haut de la tête (au point de bâti) et la deuxième à 7 cm. Froncer en tirant les fils.

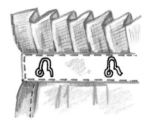

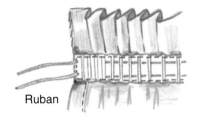

Maintenir les fronces avec une bande de tissu piquée sur l'envers de la tête et placée sur les deux lignes de fronces. Piquer une double ligne de points arrière pour maintenir les plis et la bande. Coudre les crochets.

Pour une réalisation plus rapide et moins technique, vous pouvez utiliser un ruban fronceur étroit. Faire un repli de 5 cm sur l'envers, placer le ruban sur la ligne de rabat. Piquer. Placer les crochets dans les poches prévues à cet effet.

Tête bouillonnée :

On obtient une tête bouillonnée en réalisant une tête froncée ou une tête coulissante.

Le volant est tiré et écarté au lieu de se dresser au-dessus de la tringle, pour former un bouillonné le long de la tête.

Une épaisseur de molleton peut être glissée dans la tête pour donner plus d'ampleur au bouillonné.

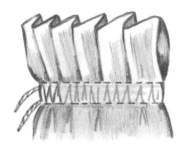

Réaliser une tête froncée en laissant un volant plus important dans le haut. Ajouter 25 cm pour une tête de 12 cm.

Piquer le ruban fronceur à 12 cm. Le volant est ensuite écarté pour former le bouillonné.

TÊTE À GLISSIÈRE VOLANTÉE

La tête à glissière volantée est une version un peu plus élaborée qu'une simple tête à glissière. Les deux lignes de piqûre qui forment la tête du rideau sont abaissées pour former un volant lorsque le rideau est glissé sur la barre.

Ces rideaux étant difficiles à tirer, il vaut mieux les laisser fixes et les relever sur le côté par des embrasses.

MESURES :

Largeur : la largeur du rideau doit être de deux fois la largeur du rideau fini.

Tête : ajouter 32 cm pour un volant de 8 cm, une glissière de 7 cm plus 2 cm d'ourlet (barre en bois).

CONFECTION :

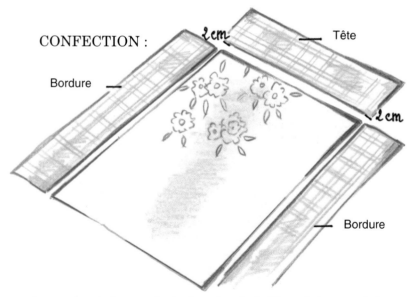

Couper dans le tissu contrastant une bande de 32 cm de large sur la longueur du rideau fini plus 2 cm pour les ourlets et deux bandes pour les bordures verticales du rideau, de 32 cm de large sur la hauteur du rideau sans la tête.

Assembler les bordures de chaque côté du rideau en piquant à 1 cm des bords. Repasser en laissant les bords sur le côté de la bordure.

Rabattre deux fois 10 cm dans le bas du rideau (avec les bordures) sur l'envers du tissu. Piquer à points droits ou coulés pour obtenir un ourlet double.

Rabattre les bordures verticales sur l'envers en les pliant par le milieu. Rentrer 1 cm et coudre à point coulé sur la ligne de piqûre. Repasser.

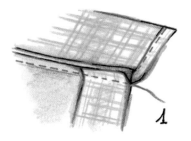

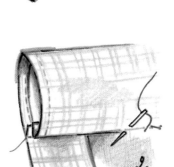

Faire un rentré de 2 cm de chaque côté sur la hauteur de la bordure. Piquer à la machine. Poser la bordure sur l'envers du haut du rideau. Assembler par une piqûre à 1 cm des bords.

Retourner la bordure sur l'endroit. Faire un rentré de 1 cm dans le bas. Coudre à point coulé en suivant la ligne de piqûre machine.

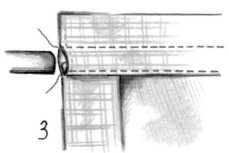

Marquer avec une craie deux lignes de piqûre pour la glissière. La ligne du bas doit se trouver juste au-dessus du bord inférieur de la bordure, la deuxième à 7 cm au-dessus. Piquer sur ces deux lignes.

Fermer à la main le côté du volant. La tringle doit pouvoir facilement glisser entre les deux lignes de piqûre qui forment la glissière.

TÊTE À ŒILLETS

La tête à œillets est une alternative très simple pour suspendre un rideau à une barre.

La tête du rideau est percée d'œillets et tout simplement glissée sur une tringle en métal.

Des rubans, de la ficelle, de la cordelette passés à travers les œillets peuvent aussi bien relier la tête du rideau et la barre.

Les œillets de petits diamètres sont vendus également avec un kit de pose très simple.

Vous pouvez également faire poser les œillets par un cordonnier ou dans un magasin spécialisé.

MESURES :

Largeur : la largeur à plat doit être de deux fois la largeur finie.

Tête : la hauteur du repli de la tête est définie par la taille et la position des œillets sur le haut du rideau. Laisser toujours au moins 1 cm au-dessous et au-dessus de l'œillet pour éviter une déchirure du tissu.

CONFECTION :

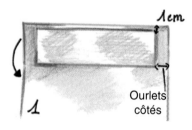
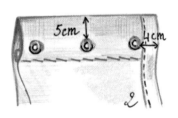

Entoiler au fer chaud la tête du rideau avec une bande de toile thermocollante mesurant 8 cm de hauteur et de la largeur du rideau fini. Poser cette bande à 1 cm du bord sur le haut du rideau (sur l'envers). Repasser. Rabattre la tête entoilée en rentrant 1 cm. Coudre le rabat à point coulé. Repasser. Poser les œillets.

Œillets et corde :

Pour réaliser ce rideau, agrandir les dessins de feuilles et de trèfles deux fois à 200 %.

Découper dans des tissus de couleurs différentes des carrés de 10 cm de côté qui seront appliqués ensuite sur le bord du panneau. Calculer, suivant la hauteur de votre rideau, le nombre de carrés dont vous avez besoin.

Ensuite, à l'aide d'un papier carbone spécial tissu, décalquer les motifs sur les carrés de couleurs en les centrant. Recouvrir le dessin tracé sur le tissu avec de la corde ou deux fils de coton retors à broder écru en les maintenant par des petits points réguliers. Ce point s'appelle le « point de boulogne ». Pour appliquer la corde ou le coton retors, utiliser du fil à broder mouliné.

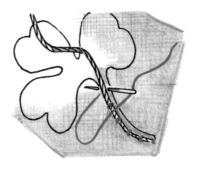

Fixer, au départ du dessin, la corde par deux points l'un à côté de l'autre puis espacer régulièrement les points. Utiliser du fil de la même couleur que le tissu pour coucher la corde sur le dessin.

Après avoir brodé les carrés de couleur, les appliquer sur toute la hauteur du rideau, à point coulé, en rentrant 1 cm de chaque côté des carrés et à 20 cm du bord vertical du rideau. Rentrer deux fois 10 cm pour l'ourlet du bas. Piquer à ras du pli. Repasser.

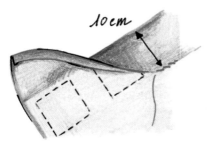

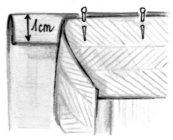

Plier 17 cm pour l'ourlet de côté (milieu fenêtre si vous réalisez une frise centrale, et sur les deux côtés si vous placez les carrés de chaque côé du rideau). Piquer cet ourlet à la main en rentrant 1 cm. Les applications sont ainsi cachées sur l'envers du rideau. Repasser.

Plier 1 cm sur l'envers du haut du rideau. Épingler sur ce rentré de la sangle écrue de 5 cm de large et la fixer par deux rangées de piqûre machine. Repasser.

Poser sur la sangle une série d'œillets à intervalles réguliers.

Mesurer la longueur de corde nécessaire pour faire le tour de la barre en passant par un œillet. Nouer chaque cordelette sur la barre.

LAMBREQUINS

CANTONNIÈRES

LES LAMBREQUINS

Le lambrequin est en quelque sorte un rideau miniature souple qui s'accroche sur le haut de la fenêtre par une galerie de cantonnière (p. 9). Il doit être proportionné à la taille de la fenêtre et aux rideaux mais il ne doit en aucun cas obscurcir la pièce.

À la fois décoratif et utilitaire, le lambrequin permet de cacher la barre de fixation et aussi d'équilibrer les rideaux.

Avec une même technique de base, on peut arriver à de nombreuses formes et finitions. Voici quelques exemples.

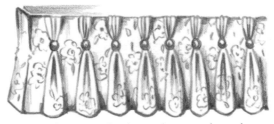

Ruban plisseur triple pli avec boutons de couleur.

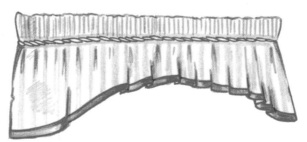

Ruban plisseur pour lambrequin ondulé.

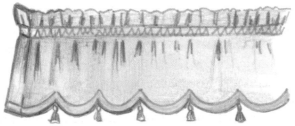

Petit ruban fronceur et festons arrondis avec pompons.

Lambrequin à plis ronds et biais contrasté.

Lambrequin à plis creux bordé d'un galon à franges.

Tous ces lambrequins sont portés par une galerie de cantonnière (p. 9) et fixés à celle-ci par un ruban velcro. Le ruban velcro est agrafé sur tout le tour de la galerie.

Rappel : la galerie doit dépasser d'au moins 10 cm de chaque côté de la fenêtre et se fixe par des équerres à environ 10 cm au-dessus de l'encadrement de la fenêtre. On compte en général 12 cm de profondeur pour une galerie qui comporte une tringle simple.

Vérifier, avant la pose et la réalisation, que le lambrequin ne gêne pas l'ouverture de la fenêtre.

LAMBREQUIN SOUPLE

D'une manière générale, les lambrequins doivent être doublés, même si le rideau ne l'est pas.

MESURES :

Largeur : la largeur à plat (non froncée) doit être de deux fois et demie la largeur finale.

Hauteur : la hauteur doit représenter environ 15 à 20 % de la hauteur totale du rideau.

CONFECTION :

Couper le tissu principal et la doublure aux mêmes dimensions. Les poser l'un sur l'autre, envers contre envers. Piquer les côtés à 1 cm des bords et le haut à 2,5 cm. Retourner. Repasser.

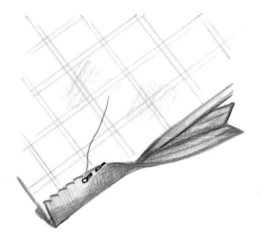

Poser sur le bas non fini un biais en prenant les deux épaisseurs. Épingler et coudre à point coulé le biais (endroit et envers).

Placer le ruban fronceur sur l'envers à 7,5 cm du bord. Bâtir et piquer à la machine.

Tirer les cordons laissés libres à une extrémité pour obtenir la largeur finale du lambrequin.

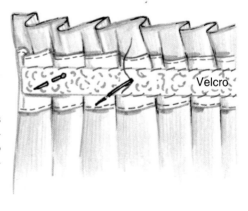

Coudre le velcro à points coulés sur le ruban fronceur. Assembler le velcro du lambrequin et de la galerie de cantonnière.

LES CANTONNIÈRES

À l'inverse du lambrequin qui est plissé ou froncé, la cantonnière et le bandeau présentent une surface plate et rigide, ce qui permet de mettre en valeur un tissu à grands motifs ou à carreaux. Elle est généralement plus facile à réaliser et demande moins de tissu. Elle offre un fini net et parfait.

Sa forme peut être variée mais elle doit, comme le lambrequin, rester toujours proportionnée à la taille de la fenêtre et des rideaux.

Le bord supérieur d'une cantonnière est normalement droit. Courbes, arrondis et découpes se placent sur le bord inférieur.

Exemples de formes :

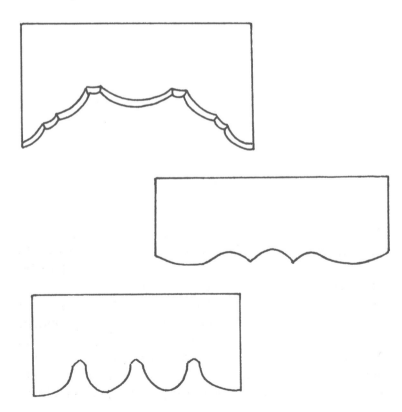

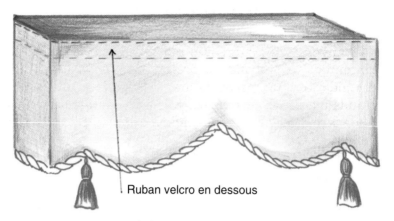

Ruban velcro en dessous

La cantonnière, comme le lambrequin, se fixe à l'aide d'un ruban velcro sur une galerie de cantonnière et présente, une fois terminée, un aspect plat et net.

Certaines cantonnières sont en tissu apprêté avec une toile thermocollante, mais d'autres peuvent être réalisées dans un matériau dur comme le bois ou l'aggloméré. On parle, dans ce cas-là, de bandeau fixe. Il se pose au milieu d'une tablette, comme le lambrequin, et d'un ruban velcro. Les retours sont découpés séparément et assemblés par des charnières. Si le bandeau est lourd, on peut, à chaque extrémité, fixer un clou. Ce bandeau peut être recouvert de tissu ou simplement peint. On peut coller ou agrafer galons, franges, pompons ou biais.

LES FESTONS ET LES CHUTES

Les festons et chutes associés à de lourds drapés étaient de mise dans des décors classiques et très sophistiqués. Difficiles de réalisation, ils ont été délaissés au profit de variantes plus simples et plus décontractées.

Les festons et les chutes classiques se réalisent en fait séparément et sont ensuite, l'un après l'autre, accrochés sur une galerie de cantonnière, donnant l'impression d'un seul tissu drapé.

En fait, la forme du feston varie très peu ; ce sont les chutes qui, dans leurs formes, sont les plus diverses.

Les festons et les chutes peuvent être agrémentés de passementeries élaborées : cordelières, franges, galons travaillés, pompons... Les franges sont indissociables des festons et des chutes classiques.

Pour dissimuler le raccord de ces deux éléments, en général, on applique des choux ou des nœuds que l'on réalise dans le même tissu (voir p. 77).

Les festons et les chutes sont fixés à une galerie de cantonnière, soit par un ruban velcro, soit directement agrafés sur le haut de la galerie. Les chutes sont fixées de la même façon sur les côtés.

La hauteur du feston et la longueur des chutes doivent être proportionnées à la hauteur des rideaux et à la largeur de la fenêtre. En règle générale, la pointe de la chute doit arriver au milieu de la fenêtre.

Forme classique d'un feston :

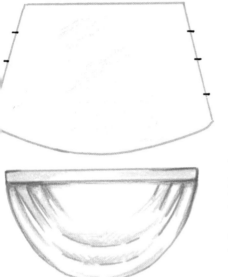

Marquer des points à intervalles réguliers sur les côtés du feston. Plier les côtés sur les points en formant un drapé arrondi.

Border le haut du feston avec une bande de tissu comme un biais.

Forme des chutes :

Les chutes doivent automatiquement être doublées.

Chute plissée.

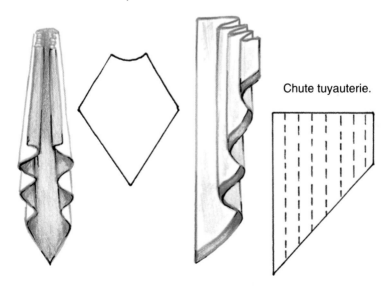

Chute tuyauterie.

Une des façons les plus simples d'obtenir un résultat équivalent à un feston et chute classique est de draper un long métrage de tissu sur deux supports fixés sur le haut de la fenêtre.

Ce feston peut être fixé à un simple tasseau de bois de 5 cm placé au-dessus de l'encadrement. On fixera ensuite les supports (supports d'embrasse) à chaque extrémité du tasseau.

MESURES :

Pour trouver les mesures exactes, mesurer suivant le schéma de la page suivante.

Reporter ces mesures sur un gabarit en ajoutant 1,5 cm pour les rentrés de couture, sur les quatre côtés. Poser ce gabarit sur le tissu et la doublure mis endroit contre endroit. Couper. Épingler. Piquer à la machine à 1,5 cm des bords sur trois côtés du feston.

Retourner. Fermer à point coulé le côté resté ouvert en rentrant à l'intérieur 1,5 cm. Repasser.

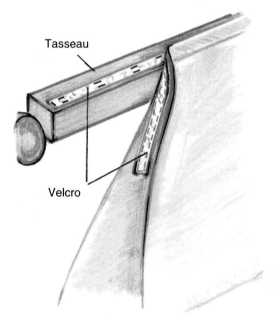

Tasseau

Velcro

Poser le haut du feston sur le tasseau et l'agrafer (vous pouvez agrafer une bande de ruban velcro sur le tasseau et coudre l'autre bande sur l'envers du haut du feston, on pourra ainsi l'enlever et le repositionner facilement). Poser le tissu sur les supports et placer les plis.

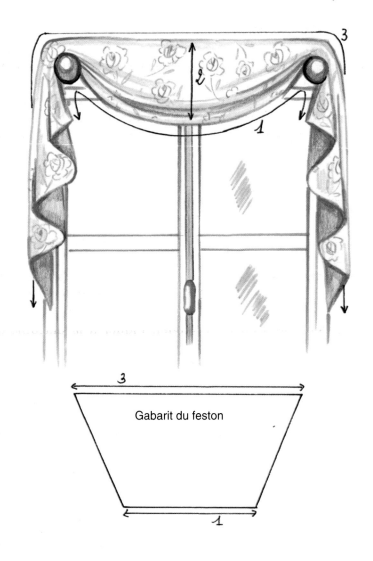

Gabarit du feston

Mesurer à l'aide d'un ruban la courbe que vous voulez obtenir pour le bas du feston (1). Calculer sa hauteur du tasseau de bois au bord inférieur du feston (2). La multiplier par deux.

Mesurer la longueur du bord supérieur du feston (pointes à pointes) (3).

75

VARIANTE : ici, le feston est un grand rectangle de tissu doublé simplement noué avec des rubans sur une barre décorative qui donne ainsi le drapé. Le haut du feston est retenu sur la barre par du ruban velcro.

LES CHOUX

Les choux sont extrêmement faciles à réaliser et servent en général à dissimuler les raccords des festons et des chutes.

Placés sur un feston simple, ils donneront un côté dynamique à l'ensemble.

CONFECTION :

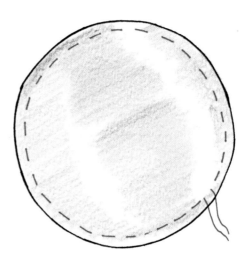

Couper un cercle dans le tissu au diamètre équivalent à trois fois celui du chou terminé. Sur le pourtour du cercle, faire un point de bâti. Tirer les fils pour froncer le cercle de moitié.

Rembourrer avec des morceaux de doublure ou de tissu. Façonner le gonflant du tissu en plis réguliers et les fixer avec quelques points en traversant les épaisseurs jusqu'à la base du chou. Recouvrir les fronces d'un cercle découpé dans la doublure. Coudre à point coulé.

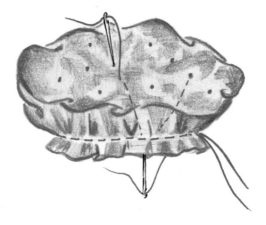

LES EMBRASSES

Les embrasses drapent en souplesse les rideaux en encadrant joliment la fenêtre et la dégagent pour laisser pénétrer la lumière extérieure. Elles représentent un élément décoratif et peuvent mettre en valeur une paire de rideaux banals.

Il existe toutes sortes d'embrasses : embrasse ronde en laiton, crochet en forme de feuille, cordelière à gland, sur lesquelles le rideau est posé et simplement drapé. L'embrasse réalisée en tissu apportera une touche plus personnelle à l'ensemble.

On la fixe le plus couramment au tiers de la hauteur de la fenêtre ou, si les rideaux arrivent jusqu'au sol, elle est placée au niveau du rebord de la fenêtre.

La position des embrasses sur les rideaux peut corriger une forme de fenêtre. On place les embrasses plus haut pour allonger une fenêtre ou plus bas pour l'élargir.

EMBRASSE GALBÉE

L'embrasse galbée est la plus classique. Sa forme permet de bien maintenir le rideau sans le froisser. Elle se réalise habituellement dans le même tissu que le rideau et, pour souligner sa forme, on la ganse avec un biais de couleur contrastant ou un volant.

Les embrasses sont reliées au porte-embrasses, soit par des anneaux ronds en laiton, soit par des rubans.

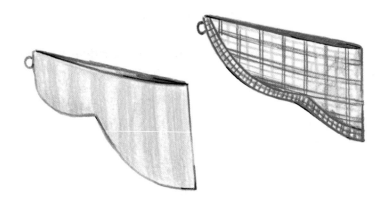

MESURES :

Longueur : déterminer la longueur de l'embrasse en mesurant le tour du rideau.

Hauteur : la hauteur d'une embrasse varie de 10 à 12 cm en son milieu et diminue à ses extrémités.

CONFECTION :

Réaliser un gabarit de la forme désirée dans du papier. Poser le gabarit sur la toile thermocollante. Couper en suivant le contour.

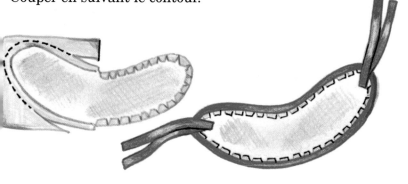

Poser la forme sur l'envers du tissu. Repasser pour coller la toile. Découper à 1 cm du bord. Cranter sur tout le tour et rabattre sur la toile.

Placer le biais de couleur à cheval sur le bord de l'embrasse. Coudre à point coulé.

Pour les liens, couper 4 bandes dans le biais à la longueur désirée. Poser endroit contre endroit 2 bandes. Piquer à 1 cm chaque extrémité et sur toute la longueur en suivant la pliure. Retourner. Fermer à points coulés.

Plier les liens par leur milieu et les placer sur l'envers de l'embrasse (schéma précédent).

Poser le gabarit sur la doublure, découper à 1 cm du bord. Cranter. Coudre à points coulés la doublure sur l'embrasse en rentrant 1 cm. Repasser.

EMBRASSE VOLANTÉE

On commence comme pour une embrasse galbée mais sans le biais. Avant de poser la doublure, placer un volant plissé et bâtir sur l'envers. Poser la doublure sur le volant et coudre à points coulés. Placer des anneaux à chaque extrémité de l'embrasse.

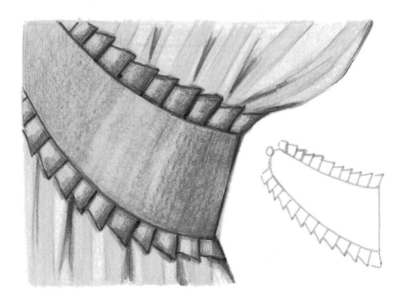

EMBRASSE FRONCÉE

Cette embrasse convient pour des rideaux plus légers qui n'ont pas besoin d'être soutenus par une embrasse entoilée.

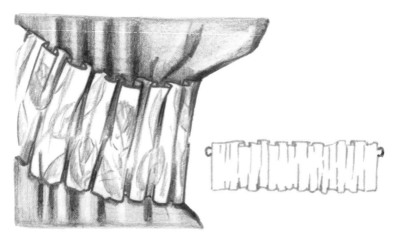

CONFECTION :

Couper deux bandes de tissu de 22 cm de hauteur sur la longueur de l'embrasse multipliée au moins par deux (pour qu'elle soit bien froncée).
Couper une bande de toile épaisse (jute) de 10 cm de haut sur la longueur de l'embrasse.

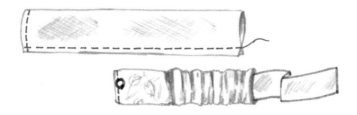

Plier en deux la bande de tissu endroit contre endroit. Piquer à 1 cm du bord le long d'un côté et une extrémité.
Retourner sur l'endroit. Glisser la toile épaisse à l'intérieur. Maintenir cette toile à une extrémité par une piqûre droite. Froncer le tissu jusqu'à la deuxième extrémité de la bande de toile. Fixer par une piqûre. Fermer l'extrémité de l'embrasse à la main en rentrant 1 cm. Coudre les anneaux.

EMBRASSE À GLAND

CONFECTION :

Couper deux bandes de tissu de 10 cm de haut et de la moitié de la longueur de l'embrasse plus 40 cm pour le nœud et la queue.

Couper deux autres bandes de la même taille que les bandes de tissu dans la doublure.

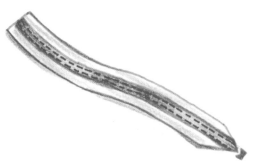

Couper l'extrémité des bandes de tissu en pointe.

Piquer un galon sur l'endroit des deux bandes en le centrant.

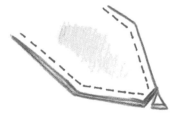

Rabattre à l'autre extrémité un rentré de 1 cm.

Piquer la doublure sur le tissu endroit contre endroit à 1 cm du bord. Laisser une ouverture à la pointe pour y glisser les glands.

Couper les excédents de tissu.

Retourner sur l'endroit. Fermer à points coulés l'extrémité restée ouverte. Repasser.

Glisser le cordon du gland dans l'ouverture de la pointe. Refermer l'ouverture en fixant le cordon à points coulés.

Coudre les anneaux sur l'envers de l'embrasse à chaque extrémité.

Fixer les embrasses et nouer les deux bandes ensemble.

EMBRASSE ET RUBANS PLIÉS

CONFECTION :

Couper deux bandes de tissu de la longueur désirée.

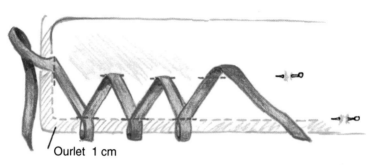

Ourlet 1 cm

Placer le ruban sur l'endroit d'une bande. Piquer le ruban par quelques points machine aux endroits où il doit se placer.

Pour réaliser la boucle, plier en deux 6 cm de ruban et piquer.

Doubler l'embrasse à la main.

EMBRASSE OUATINÉE

CONFECTION :

Couper une bande de tissu de la longueur désirée.
Plier la bande de tissu en deux sur l'envers. Piquer une extrémité et la longueur. Retourner. Bourrer de ouatine.
Fermer l'extrémité restée ouverte en rentrant 1 cm à la main.
Coudre les anneaux.

VARIANTES : embrasses réalisées avec des boutons, une bordure de coquillages, des franges, une tresse, des applications...
À partir de ces réalisations, on note le choix offert pour personnaliser une embrasse.

STORES

LES STORES

Le store s'adapte à tous les décors et s'intègre parfaitement aux doubles rideaux et aux cantonnières. Il peut devenir lui-même un élément décoratif simple ou être orné de festons, de volants et de motifs.

Les stores peuvent totalement occulter la lumière ou encore la filtrer.

Le store bateau et le store bouillonné recouvrent toujours la partie haute de la fenêtre, sauf si l'on surélève la galerie de cantonnière. Le store à enrouleur est le seul qui dégage entièrement la fenêtre.

Facile d'emploi, on le relève aisément à l'aide de cordons en évitant ainsi toute salissure.

Le choix de l'emplacement du store est une étape déterminante : au-dessus de la fenêtre ou à l'intérieur de son renfoncement. Pour faire ce choix, vous devez principalement vous préoccuper de l'espace disponible pour replier le store et ouvrir la fenêtre sans aucune gêne.

Un store à enrouleur nécessite peu d'espace. Par contre, un store bateau, pour être replié complètement, demande au moins 20 cm.

Lorsqu'ils sont placés à l'extérieur du renfoncement, le problème ne se pose pas. Vous pouvez les faire commencer plus haut pour corriger une hauteur de fenêtre ou pour obtenir plus de lumière. Dans ce cas, le dernier pli doit se placer juste au-dessus du haut de la fenêtre. Ils peuvent être aussi plus longs et ainsi faire paraître la fenêtre plus large.

La prise des mesures d'un store et de son système de pose est expliqué dans la partie technique (p. 16).

STORES À ENROULEUR

Pour la réalisation d'un store à enrouleur, il est nécessaire d'acheter un kit de store à enrouleur. Les supports se placent dans le renfoncement de la fenêtre.

Si le store présente une découpe dans le bas, on le place à l'extérieur. Il descendra par-dessus l'appui de la fenêtre.

Ce store se réalise dans une toile de coton serrée afin d'éviter qu'il ne se déforme. Le tissu devra être amidonné avec un amidon en aérosol.

MESURES :

Largeur : la largeur finie correspond à la largeur de la fenêtre ou du tasseau de bois fixé au-dessus.

Longueur : hauteur de la fenêtre + 30 cm. On laisse 25 cm de tissu roulé même quand le store est descendu.

CONFECTION :

Dans cette réalisation, on utilise un drap ancien brodé d'un joli monogramme. Le feston est en lin brut.

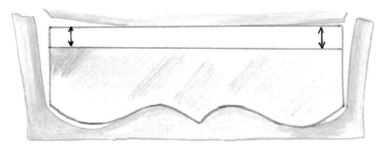

Découper le drap en centrant la broderie aux dimensions requises. Amidonner le tissu avec l'amidon en bombe. Laisser sécher.

Pour la partie basse du store, réaliser un gabarit (p. 75). Couper la découpe et les côtés. Ajouter sur la partie haute un espace suffisant pour réaliser la glissière.

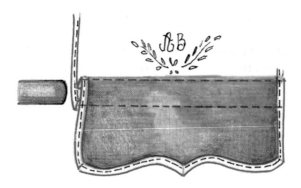

Poser ensuite un biais sur les deux côtés du panneau brodé et sur les deux côtés et le bord découpé du panneau inférieur. Piquer. Faire chevaucher le bas sur le haut.

Réaliser deux piqûres machine le long des bords superposés. On obtient la glissière pour le chant plat. Enfiler dans la glissière le chant plat et fermer à la main.

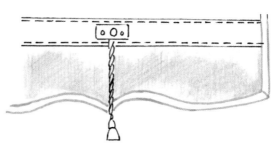

Centrer le cordon de tirage et le visser à travers le tissu sur l'envers.

Clouer le haut du store sur le rouleau. Rouler le tissu. Glisser le rouleau dans les supports.

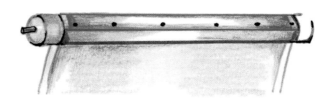

91

STORES BATEAU

Le store bateau se compose d'un panneau plat ; sur l'envers, des baguettes horizontales et parallèles sont placées dans des glissières et relevées par un système d'anneau et de cordons en formant un plissé régulier.

Il peut être bordé, festonné, frangé et, comme le store à enrouleur, devenir un élément décoratif.

Contrairement à certains mécanismes de store à enrouleur, son système de cordons est fiable et pratique.

En général, un store bateau est doublé mais si l'on veut laisser filtrer la lumière tout en se préservant d'un vis-à-vis, il peut toutefois se concevoir sans doublure. Dans ce cas, les glissières seront réalisées directement dans le tissu principal.

MESURES :

Largeur : la largeur finie correspond à la largeur de la fenêtre ou de la galerie de cantonnière plus 8 cm de chaque côté pour le tissu principal et 6 cm pour la doublure.

Longueur : on ajoute 20 cm à la longueur de la fenêtre (mesurer à partir de la galerie de cantonnière) pour le tissu principal. On ajoute davantage pour la doublure, celle-ci étant pliée pour former les glissières. On trouve cette longueur en multipliant la profondeur de chaque glissière par le nombre de baguettes ou de tourillons nécessaires. On espace en général les tourillons de 20 cm et on laisse 10 cm entre le bas du store et la première glissière. Ajouter 18 cm à cette mesure.

CONFECTION :

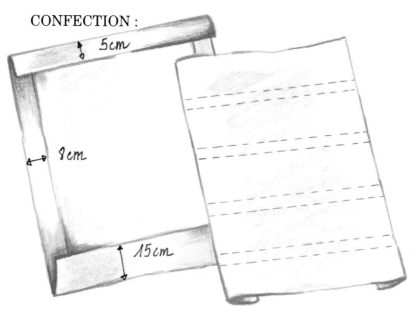

Couper le tissu principal aux dimensions requises. Rabattre sur l'envers 8 cm de chaque côté, repasser. Rabattre encore 5 cm dans le haut et 15 cm dans le bas du panneau. Repasser.

Couper la doublure. Rabattre sur l'envers 6 cm de chaque côté. Repasser. Poser la doublure bien à plat et marquer à la craie l'emplacement des glissières sur l'endroit.

Plier la doublure de manière à poser l'une sur l'autre les lignes tracées parallèlement et à former ainsi un pli. Piquer à la machine en suivant les traits. Repasser les plis.

Rabattre sur l'envers 4 cm dans le haut et 14 cm dans le bas de la doublure plissée.

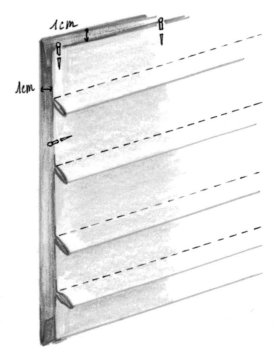

Poser la doublure sur le tissu envers sur envers. La doublure doit être environ d'1 cm plus petite que le tissu. Épingler les deux épaisseurs sur les quatre côtés.

Piquer à la machine le tissu et la doublure le long de chaque glissière.

Ourler le bas et le haut à la main.

Glisser les tourillons dans les glissières et coudre les extrémités à la main. Poser le ruban velcro.

Coudre 3 anneaux de store le long de chaque glissière, à intervalles réguliers et parfaitement alignés à la verticale.

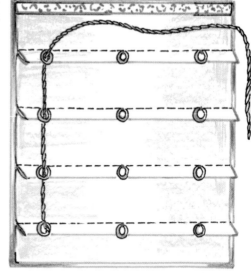

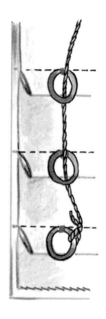

Passer un cordon dans chaque rangée verticale. L'attacher à l'anneau du bas. Laisser dépasser en haut assez de cordon pour pouvoir lever et abaisser le store.

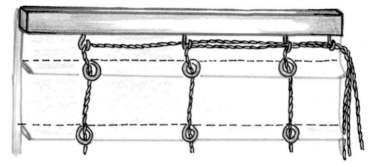

Fixer le store à la galerie de cantonnière par le ruban velcro. Passer les cordons dans les quatre pitons fixés sous la galerie.

TABLE DES MATIÈRES

©   S.A.E.P., 1998
Dépôt légal 4ᵉ trim. 1998   n° 2 415

Imprimé en C.E.E.